BEI GRIN MACHT SICH IHR WISSEN BEZAHLT

AF140754

- Wir veröffentlichen Ihre Hausarbeit,
  Bachelor- und Masterarbeit

- Ihr eigenes eBook und Buch -
  weltweit in allen wichtigen Shops

- Verdienen Sie an jedem Verkauf

**Jetzt bei www.GRIN.com hochladen
und kostenlos publizieren**

Bibliografische Information der Deutschen Nationalbibliothek:

Die Deutsche Bibliothek verzeichnet diese Publikation in der Deutschen National-
bibliografie; detaillierte bibliografische Daten sind im Internet über http://dnb.d-
nb.de/ abrufbar.

Impressum:

Copyright © 2017 GRIN Verlag
Druck und Bindung: Books on Demand GmbH, Norderstedt Germany
ISBN: 9783668829633

Dieses Buch bei GRIN:

https://www.grin.com/document/447071

Lisa Schmidt

Trainingslehre. Kraftausdauer- und Muskelaufbautraining

GRIN Verlag

Deutsche Hochschule für
Prävention und Gesundheitsmanagement
Hermann Neuberger Sportschule 3
66123 Saarbrücken

Einsendeaufgabe

Fachmodul:	Trainingslehre I
Studiengang:	Fitnessökonomie
Datum Präsenzphase:	09.05.-12.05.2017
Name, Vorname:	Schmidt, Lisa
Studienort:	**Stuttgart**
Semester:	**WS 16/17**

Inhaltsverzeichnis

1 Diagnose

1.1 Allgemeine und biometrische Daten

Um die aktuelle Leistungsfähigkeit und den Gesundheitszustand meines Probanden für die Trainingssteuerung beurteilen zu können, wurden allgemeine und biometrische Daten erhoben.

Tab. 1 Darstellung erhobener allgemeiner und biometrischer Daten des Probanden

Alter	20 Jahre
Geschlecht	Männlich
Körpergröße	175cm
Köpergewicht	73kg
Trainingsmotive	Körperfettanteil senken, Muskelmasse erhöhen
Berufliche Tätigkeit	Auszubildender Systemelektroniker
Aktuelle und frühere sportliche Aktivitäten	Tischtennis, Fußball 2x 90 Minuten pro Woche, Fitnesstraining 4x 70 Minuten (45 Minuten Ausdauer, 25 Minuten Krafttraining)
Zeitlicher Verfügungsrahmen	3x pro Woche für je 90 Minuten
Blutdruck und Ruhepuls	123/85mmHg und 64 Schläge/Minute
Allgemeiner Gesundheitszustand	Asthmatiker (medikamentöse Behandlung), Schlüsselbeinbruch operativ behandelt vor 6 Wochen

Anhand der erhobenen Daten wird ersichtlich, dass der Proband allgemein als gesund und belastbar eingestuft werden kann. Dies wird durch das genaue Betrachten der biometrischen Daten ersichtlich. Für eine männliche Person jungen Alters mit einer Körpergröße von 175cm und einem Gewicht von 73kg ergibt sich ein Body-Mass-Index (BMI) von 24. Dieser Wert liegt laut der Deutschen Gesellschaft für Ernährung e.V. (DGE) im Idealbereich.

Alter	BMI
19-24 Jahre	19-24
25-34 Jahre	20-25
35-44 Jahre	21-26
45-54 Jahre	22-27
55-64 Jahre	23-28
>64 Jahre	24-29

Abb. 1: BMI-Klassifikation für Normalgewicht (DGE, Ernährungsbericht, 1992)

Da der erhobene BMI-Wert von 24 an der Schwelle zu Übergewicht liegt, wäre eine Reduzierung des Körperfettanteils (KFA) sinnvoll. Des Weiteren wird der Blutdruck für eine Bewertung des gesundheitlichen Zustandes berücksichtigt. Der Blutdruck wurde auskultatorisch nach der Methode von Riva-Rocci mit Hilfe eines Manometers in Ruhe und in sitzender Position an der Arteria brachialis des Oberarms gemessen.

Klassifikation des Bluthochdrucks nach WHO

Kategorie	Systolische (mmHg)	Diastolisch (mmHg)
Optimal	<120	<80
Normal	<130	<85
Hochnormal	130-139	85-89
Milde Hypertonie	140-159	90-99
Mittlere Hypertonie	160-179	100-109
Schwere Hypertonie	>180	>110
isolierte systolische Hypertonie	>140	<90

Abb. 2: Klassifikation des Blutdrucks nach WHO

Der gemessene Blutdruck von 123/85mmHg liegt in Anbetracht der Normwerte der World Health Organization (WHO) in einem optimalen Bereich. Diese Einordnung des

Blutdruckwertes stellen eine optimale Voraussetzung für die Belastbarkeit und Trainierbarkeit des Probanden dar.

Eine weitere gute Voraussetzung für das sportliche Training ist die sportliche Historie, da der Proband sportlich aktiv war und in Anlehnung an seine Asthmaerkrankung aus Erfahrung berichten kann, dass die Krankheit in Kombination mit Medikamenten während sportlicher Belastung zu keinerlei Einschränkungen führt. Der operativ behandelte Schlüsselbeinbruch wurde von ärztlicher Seite für das sportliche Training unter der Voraussetzung der progressiven Leistungssteigerung als unbedenklich eingestuft.

1.2 Krafttestung

Um für die Trainingsplanung die optimale Belastungsintensität herauszufinden, wurde ein Mehrwiederholungskrafttest (X-RM-Test) durchgeführt. Hierbei wird die Beanspruchbarkeit der Muskulatur für eine bestimmte Wiederholungszahl in einem submaximalen Trainingsbereich definiert. Auf Grund der trotz als unbedenklich eingestuften Leistungsfähigkeit des Probanden nach dem Schlüsselbeinbruch wurde von einem Maximalkrafttest (1-RM-Test) auf Grund der erhöhten Verletzungsgefahr abgesehen.

1.2.1 Testablauf Mehrwiederholungstest (X-RM-Test)

Als definierte Wiederholungszahl wurden 12 Wiederholungen nach dem Testablaufschema nach Zimmer (1999, S. 45-47) verwendet.

Zu Beginn steht ein allgemeines und spezielles Aufwärmen. Das allgemeine Aufwärmen erfolgt auf einem Laufband. Der Proband absolvierte 10 Minuten mit einer subjektiven Intensität, die als leicht bis mittel eingestuft wurde in einem aeroben-alaktaziden Bereich. Das spezielle Aufwärmen erfolgte mit 10 Wiederholungen am jeweiligen Testgerät vor dem X-RM-Test mit einer sehr leicht bis leicht eingestuften Intensität, um ein vorzeitiges Ermüden der Muskulatur und ein damit verbundenes verfälschtes Ergebnis zu verhindern.

Der erste Testsatz wurde mit den Übungen „Latzug" mit 30% des Körpergewichts, der Übung „Bankdrücken an der Multipresse" mit 50% des Körpergewichts und der Übung „Beinpresse" mit 125% des Körpergewichts durchgeführt. Hierbei war das maximal für 12 Wiederholungen konzentrisch zu bewältigende Gewicht ausschlaggebend. Wurde das Gewicht problemlos zwölfmal bewegt, wurde das Gewicht um 5%, 10% oder 25% erhöht, bis das Gewicht gerade noch konzentrisch bewegt werden konnte. Die Erhöhung der Gewichte erfolgte über das subjektive Belastungsempfinden modifiziert nach Boeckh-Behrens & Buskie (2002, S. 32). Hierbei liegt das subjektive Belastungsempfinden bei „mittel" bis „schwer".

Tab. 2: Ergebnisse des Mehrwiederholungskrafttests

Testübung	Wiederholungen	Testsatz 1	Testsatz 2	Testsatz 3	Ergebnis
Latzug	12	22kg	27,5kg	35kg	35kg
Bankdrücken	12	36kg	40kg	50kg	50kg
Beinpresse	12	91kg	114kg	125kg	125kg

Die ermittelten Intensitäten können genauso in die Trainingsplanung einbezogen werden. Das bedeutet mit den ermittelten Gewichten wird zu Beginn trainiert und die Gewichte können innerhalb des Makrozyklus angepasst werden. Diese Anpassungen sind nicht nur aus Sicht der Trainingssteuerung nötig, sondern auch im Hinblick auf viele Einflussfaktoren- und Störgrößen, welche das ermittelte Testendergebnis in Anbetracht der Richtigkeit beeinflusst haben können. Einflussfaktoren auf die sportliche Leistungsfähigkeit können neben der Genetik, der Ernährung und der Taktik auch soziale Bedingungen, materielle Bedingungen und auch die Psyche sein. Darum muss davon ausgegangen werden, dass der Proband während des Mehrwiederholungskrafttests eventuell unter psychischem Druck stand, welcher die Leistungsfähigkeit beeinflusst hat. Dies ist ein möglicher Grund wieso ein Mehrwiederholungskrafttest keinen individuellen Leistungsvergleich zulässt. Um einen Leistungsvergleich des Trainingsniveaus nach einer gewissen Trainingszeit mit sich selbst zu haben, ist der Mehrwiederholungskrafttest durchaus geeignet. Hierzu muss der exakt gleiche Test wie zu Beginn der Trainingsplanung nach einer bestimmten Zeit unter Standardisierung der Testrahmenbedingungen erneut durchgeführt werden. Die ermittelten Testendergebnisse lassen ein Ableiten von Trainingsintensitäten zur weiteren Trainingssteuerung durch die individuelle-Leistungsbild-Methode (ILB-Methode) zu. Diese Methode sieht die 12 maximal konzentrisch zu bewältigenden Wiederholungen als die persönliche Referenzgröße zur Ableitung der Trainingsintensitäten. Im Folgenden wird näher auf die Bestimmung der Trainingsintensitäten in Bezug auf die Trainingsziele eingegangen.

2   Zielsetzung/Prognose

Um die Ziele des Probanden zu definieren, benötigt es eine Bewertung der Diagnosedaten in Anbetracht auf den Inhalt, die Ausmaße der Trainingsziele und die Zeit in der man seine Ziele erreichen mag.

Tab. 3: Ableitung von Zielen des Probanden

Inhalt	Senkung des Körperfettanteils	Muskelmassenzunahme	Senkung des Ruhepulses
Ausmaß	4%	3kg	1-2 Schläge
Zeit	6 Monate	6 Monate	6 Monate

Wenn man sich die erhobenen biometrischen Daten des Probanden aus der Diagnose anschaut, werden die Trainingsziele ersichtlich. Da der Proband seinen Körperfettanteil (KFA) senken möchte, um definierter auszusehen, ist zu empfehlen, dass er seinen KFA um 4% senkt, was circa 3kg entspricht. Dieser Wert ist in einer Zeit von 6 Monaten gut realisierbar und liegt in einem empfehlenswerten, gesunden Bereich. Da er zusätzlich gerne an Muskelmasse zunehmen möchte, damit die Muskeln nicht nur definiert, sondern auch deutlich sichtbar sind, wurde das Ausmaß der Muskelmassenzunahme auf 3kg in 6 Monaten definiert. Der Ruhepuls des Probanden liegt mit 64 Schlägen pro Minute absolut im Normalbereich, der Proband würde jedoch gerne präventiv eine Senkung der Pulsfrequenz haben, um sein Herz auch im Alter zu entlasten. Da eine Senkung von 0,5 Schlägen im Monat durch Training realisierbar ist, wird eine Senkung von 1-2 Schlägen innerhalb der 6 Monate angestrebt. Da der Proband eine ausgeheilte Verletzung hinter sich hat und nun nach der Heilungsphase wieder neu ins Training einsteigen muss wird er als Trainingsbeginer eingeschätzt, um Überforderungen und erneute Verletzungen zu vermeiden.

3 Trainingsplan Makrozyklus

Tab. 4: Makrozyklusplan für Probanden

	Makrozyklusplan			
	Umfangorientiertes Krafttraining		Intensitätsorientiertes Krafttraining	
Mesozyklusdauer	6 Wochen	6 Wochen	6 Wochen	6 Wochen
Trainingsziel	Kraftausdauertraining	Übergangstraining	Muskelaufbau (extensiv)	Muskelaufbau/ Hypertrophietraining (intensiv)
Organisationsform	Ganzkörper/Station	Ganzkörper/Circuit	Split	Split
Einheiten pro Woche	2-3	2-3	2-3	2-3
Übungen/Muskelgruppe	1-2	1-2	2-3	2-3
Sätze/Übung	1-2	1-2	1-2	1-2
Wiederholungen	20	13	12	6
Satzpausen	60 Sekunden	30 Sekunden	45 Sekunden	30 Sekunden
Intensität (nach Boeckh-Behrens & Buskie)	Mittel bis schwer	Mittel bis schwer	schwer	schwer
Bewegungstempo	2/0/2	2/0/2	2/0/2	2/0/2
Trainingsaufteilung	15 Minuten aufwärmen, 60 Minuten Krafttraining, 15 Minuten Cool-down	15 Minuten aufwärmen, 60 Minuten Krafttraining, 15 Minuten Cool-down	15 Minuten aufwärmen, 60 Minuten Krafttraining, 15 Minuten Cool-down	15 Minuten aufwärmen, 60 Minuten Krafttraining, 15 Minuten Cool-down

Der Makrozyklusplan wurde in Anbetracht an die erhobenen Diagnosedaten des Probanden erstellt. Das übergeordnete Trainingsziel stellt das Kraftausdauer- und Muskelaufbautraining dar, denn der Proband möchte gerne seinen Körperfettanteil senken und seine Muskelmasse aufbauen. Beide Trainingsziele gehen miteinander einher, denn eine höhere Muskelmasse erhöht den Kaloriengrundumsatz, wodurch ein für die Körperfettanteilabnahme nötiges Kaloriendefizit besser zu erreichen ist. Der erste Mesozyklus stellt ein sechswöchiges Kraftausdauertraining dar, welches darauf abzielt, dauerhaft hohe Kraftleistungen realisieren zu können. Da dieser Zustand zum Erhalt stabilisiert werden muss folgt ein sechswöchiges Übergangstraining, um die errungenen Fähigkeiten langfristig beibehalten zu können. Beide Mesozyklen sind umfangorientiert, da wir zu Beginn des Trainings mit niedrigeren Intensitäten und höheren Wiederholungszahlen arbeiten, um eine solide Kraftausdauergrundlage ohne erhöhtes Verletzungsrisiko nach dem Schlüsselbeinbruch realisieren zu können. Nach den umfangorientierten beiden ersten Mesozyklen folgen zwei intensitätsorientierte Mesozyklen. Hierbei wird das Augenmerk auf Muskelaufbautraining mit gelegt. Im Vergleich zum umfangorientierten Training werden hier die Intensitäten vom extensiven zum intensiven Krafttraining gesteigert, wobei der Umfang sinkt. Das Muskelaufbautraining wurde in die beiden letzten Mesozyklen gelegt, da es dem Probanden wichtig ist, nicht nur kraftausdauernd zu sein, sondern auch optisch muskulös zu wirken. Da der Proband im Anamnesegespräch angab dreimal wöchentlich für 90 Minuten Zeit für das Training zu haben, wurden die Einheiten, die er pro Woche ausführen soll, auf 2-3 Einheiten definiert. In diesen Einheiten wird mit 1-2 Übungen pro Muskelgruppe trainiert, da es zu keinem Übertraining oder Demotivation durch zu langes Training kommen soll. In den ersten beiden Mesozyklen ist außerdem zu beachten, dass ein Ganzkörpertraining (GKT) zu absolvieren ist. Dieses GKT sollte innerhalb der 90 Minuten Trainingszeit pro Einheit inklusive 15 Minuten für das Aufwärmen und Cool-Down zu bewältigen sein, da Krafttraining über 60 Minuten als unwirksam zu betrachten ist. Das Training ist wirksam, wenn der Trainingsreiz überschwellig ist. Da der Proband durch seine Verletzung für mehrere Wochen keinerlei Trainingsreizen ausgesetzt war, wird eine Intensität nach Boeckh-Behrens und Buskie die als „mittel bis schwer" einzustufen ist als empfehlenswert angesehen. Hierbei wird es bei dem Probanden zu einem trainingswirksamen Reiz nach subjektivem Empfinden kommen ohne eine Überbeanspruchung zu riskieren. Nach dem Kraftausdauertraining und der Stabilisierungsphase zum Erhalt der erworbenen Fähigkeiten eine Kraftleistung möglichst lange ohne Ermüdung aufrecht erhalten zu können, ist der dritte und vierte Mesozyklus muskelaufbauorientiert. Beim Erreichen des dritten

Mesozkylus ist davon auszugehen, dass der Proband seine intra- und intermuskuläre Koordination gut geschult hat. Darum gibt es nun einen Umstieg auf Split Training. Hierbei trainiert der Proband nicht mehr den ganzen Körper in einer Einheit, sondern trainiert an zwei Tagen pro Woche die gleichen Muskelgruppen. Hierbei wird der Fokus in der ersten Einheit auf die oberen und in der zweiten Einheit auf die unteren Extremitäten gelegt. Die Wiederholungszahl sinkt mit steigender Intensität der Übungen. Da nun in 90 Minuten nicht mehr der ganze Körper trainiert wird, mehr Zeit für die einzelnen Muskelgruppen bleibt und eine Trainingsmonotonie vermieden werden soll, trainiert der Proband anstatt mit 1-2 Übungen pro Muskelgruppe nun mit 2-3 Übungen.

4 Trainingsplan Mesozyklus

Tab. 5: Mesozyklusplan für Probanden

Mesozyklusplan	
Umfangorientiertes Krafttraining	
Zyklusdauer	6 Wochen
Trainingsziel	Kraftausdauer
Einheiten/Woche	2-3
Organisationsform	Ganzkörpertraining
Übungen/Muskelgruppe	1-2
Sätze/Übung	1-2
Satzpausen	60 Sekunden
Wiederholungszahl	20
Intensität	Mittel bis schwer
Bewegungstempo	2/0/2

Tab. 6: Übungsauswahl Mesozyklus

Übungen	Wiederholungen	Sätze	Satzpausen
Beinpresse sit-zend	20	2	60 Sekunden
Rückenstrecker	20	2	60 Sekunden
Latzug	20	2	60 Sekunden
Rudern sitzend	20	2	60 Sekunden
Brustpresse	20	2	60 Sekunden
Biceps-Curls	20	2	60 Sekunden
Bauchmaschine	20	2	60 Sekunden

Die ausgewählten Übungen beziehen sich auf Übungen an geführten Maschinen. Dies wurde ausgewählt, um möglichst achsengerecht und mit minimalen Belastungen für das passive Bewegungssystem zu arbeiten. Die Bewegungsausführung ist bei geführten Maschinen im Vergleich zu Freihanteltraining oder Training am Seilzug einfacher und schneller auch unter Berücksichtigung der intra- und intermuskulären Koordination zu erlernen. Außerdem wird die Verletzungsgefahr durch eine weitgehend vorgegebene Bewegungsführung reduziert. Das trainieren an geführten Maschinen bietet zusätzlich die Möglichkeit Muskelgruppen selektiv zu trainieren. Da der Proband die Übungen schnell erlernen kann, ist die Wahrscheinlichkeit von Frustration und Demotivation gering, was sich positiv auf die Leistung auswirken kann. Des Weiteren besteht beim Training an geführten Maschinen die Möglichkeit der Feinabstufung von Gewichten auf das subjektive Belastungsempfinden angepasst und das Einsetzen der Exzentertechnik. Diese bewirkt einen gleichbleibenden Widerstand in jedem Gelenkwinkel über die komplette Bewegungsamplitude hinweg. Zwar ist das Training an geführten Maschinen nicht mehrdimensional und nicht immer mehrgelenkig und somit nicht unbedingt alltagsnah, jedoch herrscht hier eine geringe Wahrscheinlichkeit von Fehlausführungen und somit Verletzungen. Gerade im ersten Mesozyklus liegt das Hauptaugenmerk nach der vollständigen Erholung der Schlüsselbeinfraktur auf ein sich progressiv steigerndes Trainingsprogramm ohne eine hohe Gefahr für erneute Verletzungen. Die Übungen sind von der Reihenfolge her im Training wie auf dem Mesozyklusplan auszuführen. Unter dem Aspekt des Muskelmasseanteils wird darauf geachtet, dass Übungen mit einem hohen Muskelmasseanteil wie beispielsweise Übungen für die Beinmuskulatur vor Übungen mit niedrigerem Muskelmasseanteil durchgeführt werden. Hierbei besteht der

Vorteil darin, dass bei bereits der ersten Kraftübung mit hohem Muskelmasseanteil Stoffwechselvorgänge im Muskel ablaufen, die den weiteren Trainingsablauf positiv beeinflussen. Außerdem werden meist kleinere Muskelgruppen zusätzlich synergistisch angesteuert, um Bewegungsausführungen der großen Muskelgruppen ausüben zu können. Um aufzuzeigen weshalb die oben genannten Übungen für ein Ganzkörpertraining genügend sind, werden im Folgenden die beteiligten Muskeln benannt. Aus Gründen der Überschaubarkeit wird jeder Muskel nur einfach benannt auch wenn er bei verschieden Übungen beteiligt ist. Zu Beginn wird an der Beinpresse der Musculus (M.) glutaeus maximus, m. bicpes femoris, m. biceps caput longum, m. semitendinosus, m. semimembranosus, m. iliopsoas, m. rectus femoris, m. satorius, m. tensor fasciae latae, m. quadriceps femoris, m. popliteus und der m. gastrognemius trainiert. Bei der Übung „Rückenstrecker" kommt die autochtone Rückenmuskulatur (M. erector spinae), m. rectus abdominis, m. obliquus externus abdominis und m. obliquus internus abdominis hinzu. Die Übung „Latzug" beinhaltet den m. trapezius pars descendens, m. levator scapulae, m. trapezius pars ascendens, m. pectoralis minor, m. serratus anterior, m. triceps brachii, m. anconeus, m. brachialis und den m. brachioradialis. Außerdem werden des Weiteren beim Rudern der m. deltoideus pars clavicularis, m. deltoideus pars spinata, m. coracobrachialis, m. pectoralis major und der m. latissimus dorsi beansprucht. Die in den nicht benannten Übungen enthaltenen Muskeln wurden bereits in den genannten Übungen beansprucht. Da all diese Muskeln sich über den gesamten Körper verteilen, sprechen wir von einem Ganzkörpertraining. Der Proband profitiert von einem Ganzkörpertraining am meisten, da er in kürzester Zeit, mit geringstem Aufwand alle Muskelgruppen trainieren kann. Für das Aufarbeiten von Muskulatur und Kräftigung um seine Verletzung herum ist es nicht nur wichtig die Muskulatur des Oberkörpers zu trainieren, sondern die Muskulatur als ganzheitliches Funktionssystem zu sehen, welches nur in optimaler Abstimmung zueinander richtig und funktionsgerecht arbeiten kann. Dies ist nötig, um sowohl im Alltag als auch in der Freizeit und beim Freizeitsport dem Fußball optimale Leistungen hervorzubringen und das Verletzungsrisiko zu minimieren.

Das Ausdauertraining wurde im erstellten Trainingsplan weniger berücksichtigt, da der Proband diese im Vereinssport nach eigener Aussage ausreichend trainiert und bei uns ausschließlich Krafttraining absolvieren möchte.

5   Literaturrecherche

Im Folgenden werden die Ergebnisse zweier Studien zum Thema „Effekte des Krafttrainings bei Rückenbeschwerden ("low back pain" bzw. „LWS-Syndrom") tabellarisch
dargestellt.

**Tab. 7: Ergebnisse zu Studien über LWS-Syndrom (modifiziert nach Stephan A., Goebel S.,
Schmidtbleicher D., 2011 und Boeckh-Behrens, W.-U., Grützmacher, N., Sebelefsky, J., 2002)**

	Studie 1	Studie 2
Wer hat die Studie durchgeführt?	Abteilung Forschung und Entwicklung Kieser Training AG mit Stephan A., Goebel S., Schmidtbleicher D.	Universität Bayreuth, Boeckh-Behrens, W.-U., Grützmascher, N., Sebelefsky, J.
In welchem Jahr wurde die Studie publiziert?	2011	2002
Mit welchen Versuchspersonen wurde die Studie durchgeführt?	58 Personen mit gering-moderaten Alltagsbeeinträchtigungen durch Rückenschmerzen	49 Bedienstete der Universität Bayreuth mit Rückenbeschwerden, davon 31 Frauen und 18 Männer im durchschnittlichen Alter von 47 Jahren
Wie sah der Versuchsaufbau aus?	Warteliste-Kontrollgruppe mit 16 Personen, 42 Personen in Trainingsgruppe, über 6 Monate hinweg 6-mal monatliches progressives hypertrophieorientiertes Krafttraining, nach 3 und 6 Monaten Kontrolle der Schmerzen durch verschiedene Schmerzerfassungsskalen zur Ermittlung der mittleren Schmerzintensität	Nach Anamnese 10 Trainingseinheiten mit Elektromuskelstimulation (EMS) 2-mal pro Woche für je 45 Minuten, 4 Sekunden Impulsdauer und 4 Sekunden Erholungsphase im Wechsel mit 80 Hz, zu Beginn 10-15 Minuten Gewöhnungsphase und anschließend 25 Minuten Training mit verschiedenen statischen Übungen, am Ende 5-minütiges Entspannungsprogramm mit 1 Sekunde Anspannungsphase und 1 Sekunde Pause mit 100 Hz

Welche relevanten Ergebnisse und Schlussfolgerungen lieferten die Studie?	Nach 6 Monaten: Trainierende 38% weniger Beschwerden und Beeinträchtigungsreduktion, Kontrollgruppe 26% Schmerzlinderung ➔ Krafttraining zur Schmerzlinderung geeignet	Reduzierung der Rückenschmerzen im Allgemeinen um 88,7%, 38,8% gaben eine starke Minderung der Beschwerden an und 41,9% eine leichte Verbesserung, Häufigkeit und Intensität der Schmerzen deutlich verringert ➔ EMS-Training als Krafttraining zur Linderung der Rückenschmerzen sehr gut geeignet

6   Literaturverzeichnis

DGE. (1992). *Ernährungsbericht*. In Uni Hohenheim- Interaktives. Zugriff am 14.05.2017. Verfügbar unter https://www.uni-hohenheim.de//wwwwin140/info/interaktives/bmi.htm

WHO. *Klassifikation des Blutdrucks*. In MTC Pieter Keulen. Zugriff am 14.05.2017. Verfügbar unter http://www.mtc.ch/blog/2015/04/bluthochdruck-medikamente-und-krafttraining/

Sportwissenschaftliches Institut der Universität des Saarlandes. *Entwicklung und Erprobung eines Mehrwiederholungstests zur Erfassung der Kraftleistung im Fitneß-Training.* In Wissenschaftliche Arbeit zur Erlangung des akademischen Grades eines Diplomsportlehrers. Zugriff am 20.05.2017. Verfügbar unter http://www.sport-training.de/pdf/zimmer1999.pdf

Abteilung Forschung und Entwicklung Kieser Training AG, Institut für Sportwissenschaften der Johann Wolfgang Goethe – Universität Frankfurt/Main. *Effekte maschinengestützten Krafttrainings in der Behandlung chronischen Rückenschmerzes.* In Krafttraining bei chronischem Rückenschmerz Orginalia (2011). Zugriff am 26.05.2017. Verfügbar unter http://www.zeitschrift-sportmedizin.de/fileadmin/content/archiv2011/heft03/pdf_3_2011/originalia_stephan_01.pdf

Universität Bayreuth. *Ganzkörper-Elektromuskelstimulation (EMS) gegen Rückenbeschwerden.* In unveröff. Diplomarbeit, Universität Bayreuth, 2002. Zugriff am 26.05.2017- Verfügbar unter http://www.ems-training.de/magazin/article/ems-training-gegen-rueckenbeschwerden

7   Abbildungs- und Tabellenverzeichnis

7.1   Abbildungsverzeichnis

7.2   Tabellenverzeichnis

BEI GRIN MACHT SICH IHR
WISSEN BEZAHLT

- Wir veröffentlichen Ihre Hausarbeit,
  Bachelor- und Masterarbeit

- Ihr eigenes eBook und Buch -
  weltweit in allen wichtigen Shops

- Verdienen Sie an jedem Verkauf

Jetzt bei www.GRIN.com hochladen
und kostenlos publizieren